Max Feigenwinter

Wurzeln spüren, Neues wagen

Texte, die Mut machen

Eschbach

Max Feigenwinter, Jg. 1943, Lehrer und Erwachsenenbilder, lebt in Sargans (Schweiz). In der Reihe *Eschbacher Geschenkhefte* sind von ihm erschienen: *Dieser Tag ist dir geschenkt* – Eine Wegbegleitung (Best.-Nr. 140); *Lass dir Zeit!* – Eine Einladung zum Verweilen (Best.-Nr. 161); *Sei du selbst!* – Impulse für das Leben (Best.-Nr. 173).

Die Deutsche Bibliothek – CIP-Einheitsaufnahme

Feigenwinter, Max:
Wurzeln spüren, Neues wagen: Texte, die Mut machen /
Max Feigenwinter. –
Eschbach/Markgräflerland: Verlag am Eschbach, 1999
    ISBN 3-88671-195-1

© 1999 Verlag am Eschbach GmbH
Im Alten Rathaus/Hauptstr. 37 · D-79427 Eschbach/Markgräflerland
Alle Rechte vorbehalten.

Umschlagentwurf: Neuffer-Design, Freiburg i. Br., unter Verwendung des Fotos »Blau inmitten von Grün« von Ulrike Schneiders, Breitbrunn/Chiemsee.
Satz: Der Uebel, Sulzburg.
Druck: B&K Offsetdruck GmbH, Ottersweier.
Verarbeitung: Großbuchbinderei Josef Spinner, Ottersweier.

Inhalt

Sich selbst wahrnehmen 5
Wenn ich still werde, spüre ich – Mich immer wieder der Hektik entziehen – Ich will kürzer treten – Jetzt ruhig werden – Ich brauche sie jeden Tag – Wenn ich ganz still werde

Sich annehmen 13
Ich kann deinen Weg nicht gehen – Jetzt ruhig werden – Je mehr ich erkenne – Könnte es sein, dass in mir Kräfte liegen – Manchmal, wenn ich es gar nicht erwarte – Ich spüre, dass ganz tief in mir – Loslassen, geschehen lassen – Ich glaube, dass Gott mich geschaffen hat

Hier und jetzt ganz leben 23
Ich will mich befreien – Jetzt ist es Zeit – Jetzt das Leise hören – Begeistert vom Leben bekämpfe ich – Wenn du ganz lebst – Ich will mein Leben lieben – Jetzt und hier – Ich will heute auf dich zugehen

Grenzen bejahen 33
Dein Ja gibt mir Kraft und Mut – Ich will mein Maß finden – Du sagst nicht, was dich berührt – Die Angst, etwas falsch zu machen – Auch wenn nicht alles wichtig ist – Ich möchte verstehen, was du sagst – Ich muss mich abgrenzen – Ich lasse mich nicht überfordern – Ich kann dir nicht sagen, was du tun musst – Ich wage nicht, ganz ruhig zu werden – Der Filter „Ich weiß es schon"

Bedürfnisse äußern 46
Ich brauche Mauern – Ich brauche es, dass du kommst – Wenn ich nicht sage, was ich brauche – Manchmal, wenn mir nichts mehr gelingt – Du bist für mich ein Stern – Bleib bei mir, es ist dunkel – Oft fällt es mir schwer, anzunehmen – Nicht die Hektik des Alltags – Ich möchte sagen lernen, dass tief in mir – Ich bitte um Gelassenheit

Einander begegnen 59
Bei dir wage ich, wieder zu sein – Ganz bei dir sein – Deine feinen Berührungen – Du verstehst mich – Verliebt – Du sagst: Ich brauche dich – Dank dir – Du lässt mich Kind sein

In Spannungen wachsen 69
Die Worte, die wir nicht sagen – Sage nichts mehr – Mein Weg nach innen ist verschüttet – Ich will nichts falsch machen – Wie schön wäre es – Ich möchte, dass wir es wieder schaffen – Das Gegeneinander aufgeben – Fordere von mir nicht – Wo und wie lernen wir – Es ist schwer, die Mauern abzubrechen

Meinen Teil beitragen 82
Ich will mich bereitmachen – Wenn sich wieder bewegt – Ich will leben – Ich möchte, dass unsere Beziehung – Es genügt nicht, im Haus zu bleiben – Ich will es heute wagen – Mich einsetzen – Neues wird möglich – Ich will meine Gefühle annehmen – Bereit werden für diesen Tag

Meinen Weg gehen 94
Durch dich habe ich gelernt – Ich will aufbrechen – Ohne es zu merken – Dann und wann anhalten – Ich wünsche dir Mut – Immer wieder lasse ich mich leiten – Ich will wieder sehen

Halt geben und loslassen 104
Ich möchte, dass du Halt findest – Du gibst mir Halt – Raum geben – Liebe – Bei dir finde ich Halt – Dein Ja gibt mir Halt – Nur wenn ich selbst

Sich selbst wahrnehmen

Wir leben in einer hektischen und lauten Zeit. Immer mehr Leute müssen in immer weniger Zeit immer mehr Dinge produzieren, damit immer mehr Produkte verkauft werden können, die gar nicht gebraucht werden. Nicht das wird produziert, was tatsächlich gebraucht wird, sondern die Leute werden manipuliert, das zu brauchen, was produziert wird.

Viele Menschen sind in eine Produktionsmaschinerie eingespannt. Sie haben gelernt zu machen, was man von ihnen fordert. Wenn sie aber selbst etwas fordern, werden sie nicht mehr gebraucht. Also tun sie nicht mehr, was zu ihnen passt, sondern handeln angepasst. Je angepasster, desto bequemer sind sie für jene, die sie brauchen und missbrauchen.

Wer von früh an immer gesagt bekommt, was er tun muss, lernt kaum, auf sich selbst zu hören. Er braucht es, dass man ihn fordert, dass ihm gesagt wird, was er tun muss, soll und könnte. Der fordernde Vater von damals ist heute der fordernde Partner, der Chef. Solche Menschen sind sogar darauf angewiesen, dass für ihre Freizeit ein riesiges Angebot besteht. So ist es unnötig, selbst kreativ zu sein. Man kann tun, was andere anbieten; machen, was andere vorschlagen; konsumieren, was andere produzieren. Es ist unnötig, selbst zu entscheiden und selbst zu verantworten.

Weil einerseits so viele Forderungen da sind und andererseits diese Forderungen so viel verlangen, kommen viele gar nicht mehr dazu, auf sich selbst zu hören. Die Stimmen der Vorgesetzten, Berater, Wahrsager und Werbestrategen sind ihnen bekannter als die Stimme des eigenen Herzens. Was andere von ihnen wollen, ist klarer, als was sie selbst wollen und brauchen.

Viele sind abhängig und unfrei. Sie haben sich selbst entfremdet. Wer sich selbst aber fremd ist, kann nicht wirklich glücklich sein. Deshalb ist es wichtig, anzuhalten, auf sich selbst zu hören, sich kennen und ver-

stehen zu lernen. Dies ist nur möglich, wenn wir versuchen, still zu werden, wenn wir uns dem Treiben entziehen, uns wahrnehmen.
Dass dies gar nicht so einfach ist, hat Bert Brecht in einem Gedicht treffend ausgedrückt:

Radwechsel

Der Fahrer wechselt das Rad.
Ich bin nicht gern,
wo ich herkomme.
Ich bin nicht gern,
wo ich hinfahre.
Warum nur
warte ich mit Ungeduld?

Vielen geht es genau so: Sie werden unruhig, wenn sie nicht dauernd unterwegs, nicht dauernd gefordert und gefragt sind, wenn sie freie Zeit haben und sich selbst spüren.
Innehalten, immer wieder still werden, sich selbst wahrnehmen – dies zu üben, ist eine tägliche Aufgabe.

Wenn ich still werde,
spüre ich meine Möglichkeiten,
melden sich meine Bedürfnisse,
ahne ich meine Grenzen.

Hoffnungsvoll gehe ich meinen Weg,
setze ein,
was ich kann,
sage,
was ich brauche,
sage nein,
wenn es zu viel wird,
bin Mensch.

Sich selbst wahrnehmen

ich immer wieder
der Hektik entziehen,
langsamer werden,
anhalten,
ruhig werden,
wahrnehmen,
was um mich ist,
was mich stärkt und bedroht,
was mich freut und ärgert,
was mich fordert und fördert,
annehmen, was ist,
mich neu einstellen und ausrichten.

Mich immer wieder
der Hektik entziehen,
langsamer werden,
anhalten,
ruhig werden,
wahrnehmen,
was in mir ist,
dankbar sein für die Bilder,
die mir meine Seele schenkt.

Ich will
kürzer treten,
weniger tun,
bewusster leben,
obwohl alles noch gut geht,
obwohl ich noch mag,
obwohl viele mich fordern.

Ich will zur Ruhe kommen,
mich mehr spüren,
meine Grenzen wahrnehmen,
Kräfte schöpfen,
damit ich dir begegnen,
für dich da sein kann.

Sich selbst wahrnehmen

Jetzt ruhig werden,
spüren,
was mich bewegt,
hören,
was mich auffordert,
sehen,
was mich beschäftigt.

Jetzt ruhig werden,
ganz bei mir sein,
zulassen,
was ist,
wachsen lassen,
was wird.

Ruhig werden,
staunen,
dankbar sein,
dass ich bin.

Ich brauche sie jeden Tag,
die Reise zu mir selbst.
In der Stille stoße ich zu mir selber vor,
komme zum Kern,
und meine Seele erwacht.

Sich selbst wahrnehmen

Wenn ich ganz still werde,
in mich hineinhöre,
mit dem Unendlichen in Berührung komme,
schwinden alle Zweifel.

Ich spüre mich all-eins,
verbunden und verbindend,
geborgen und bergend,
getragen und tragend,
gehalten und haltend.

Mein Leben hat Sinn,
ich will Sorge zu mir tragen,
leben und Leben ermöglichen.

Sich annehmen

Viele von uns haben von früher Kindheit an erfahren, was sie tun müssen, um Eltern und Erziehern zu gefallen; wie sie sein müssen, damit andere mit ihnen zufrieden sind, an ihnen Freude haben. Eltern sagen oft gut meinend: »Wenn du dies oder jenes machst, habe ich dich gern.« Was ist, wenn das Kind nicht macht, was die Eltern wünschen? Haben sie es dann tatsächlich nicht gern?

Viele Kinder merken schon ganz früh, dass sie Wünsche und Bedürfnisse haben, die anderen missfallen. Weil sie aber von den Eltern in hohem Maß abhängig sind, wollen sie diesen gefallen. Sie versuchen zu sein, wie man von ihnen erwartet, und nicht, wie sie wirklich sind. Liebe Kinder gehorchen ihren Eltern, hören nicht mehr auf sich selbst. Schon früh lernen sie, Teile ihrer selbst zu verstecken oder zu verdrängen, vielleicht sogar Teile der eigenen Persönlichkeit zu verachten. Sie erleben: Ich werde geliebt, wenn ich so bin, wie andere mich haben wollen, nicht, wenn ich so bin, wie ich wirklich bin.

Sie hören auf andere, gehorchen anderen und nehmen sich selbst zu wenig wahr. Sie lernen sich selbst wenig kennen, entdecken ihre Möglichkeiten nur zu einem kleinen Teil, staunen aber, was andere alles können – andere, die allzu oft als Beispiele dargestellt werden.

Wer andere jahrelang mehr geachtet hat als sich selbst, hat Mühe, Selbstachtung, Selbstvertrauen, Selbstsicherheit zu empfinden. Anstelle davon stehen Zweifel an sich selbst, am eigenen Wert. Es gibt viele Menschen, die als Erwachsene mühsam lernen müssen, sich selbst wahrzunehmen und anzunehmen, zu sich ja zu sagen. Ganz traurig ist es, dass viele auch in der intimsten Gemeinschaft nicht wagen zu sein, wie sie wirklich sind. Sie spielen einander etwas vor, weil sie nicht glauben können, dass sie liebenswert sind, aber sich zutiefst nach einem Partner, einer Partnerin sehnen.

Viele Psychotherapeuten haben immer wieder darauf aufmerksam gemacht, dass das Akzeptieren die Voraussetzung für jede Änderung ist. Wer nicht annimmt, was ist, kann nicht ändern, was ist.

Mühsam müssen viele lernen: sich selbst bedingungslos zuzugestehen, was sie wahrnehmen, um dann verantwortungsvoll mit ihren Möglichkeiten umgehen zu können.

In uns allen stecken viele Möglichkeiten. In einer Atmosphäre des Vertrauens werden wir es am ehesten wagen, ganz einfach zu sein. Dann aber entdecken wir, was in uns steckt.

Der indische Dichter und Weise Rabindranath Tagore (1861–1941) erzählt die folgende Begebenheit:

> Ich lebte auf der Schattenseite der Straße
> und sah hinüber zu den Gärten meiner Nachbarn,
> die im Sonnenscheine prunkten.
> Hungrig ging ich von Tür zu Tür.
> Je mehr mir die Reichen von ihrem Überfluss gaben,
> desto schwerer wurde mir meine Bettlerschale.
> Und dann kamst du und batest mich um Almosen.
> Verzweifelt brach ich meiner Truhe Deckel auf:
> Und überrascht war ich, wie reich ich selber war.

Vielleicht braucht es eine solche Begegnung, damit wir selbst verzweifelt aufbrechen und entdecken, wie viel Wertvolles in uns ist, wie wertvoll wir selbst sind.

Ich kann
deinen Weg nicht gehen,
deinen Gedanken oft nicht folgen,
deine Ansichten nicht teilen
und dein Schweigen nicht verstehen.

Ich habe Mühe,
auf deine Bitten einzugehen
und deinen Beteuerungen zu glauben.

Ich kann
viele deiner Wünsche nicht erfüllen
und deinen Erwartungen nicht entsprechen.

Ich will
zu mir stehen
meine Wurzeln spüren,
meine Bedürfnisse wahrnehmen,
meine Wünsche ernst nehmen,
meine Ziele darlegen,
meinen Weg gehen,
zu mir Sorge tragen.

Ich muss ja sagen zu mir,
wenn ich neben dir wachsen will.
Ich darf mich nicht aufgeben,
wenn ich dir ein starkes Du sein will.

etzt ruhig werden,
annehmen,
was ist,
werden lassen,
was sein kann.

Nicht drängen,
nicht hetzen,
nicht überfordern.

Darauf vertrauen,
dass ich
berechtigt,
gut,
wertvoll bin.

Zulassen,
was ist,
Wachsen ermöglichen.

Je mehr ich
erkenne,
was und wer ich bin,

spüre,
wie viel mir geschenkt ist,

erfahre,
was ich kann

sehe,
wo meine Grenzen sind;

je mehr ich mir erlaube,
einfach zu sein,
zu geben,
was ich kann,
zu sagen,
was ich weiß,
zu bitten,
wenn ich etwas brauche,

desto wichtiger bist du mir.

Sich annehmen

Könnte es sein,
dass in mir Kräfte liegen,
die noch nicht geweckt sind,

dass in mir Phantasien schlummern,
die Neues ermöglichen,

dass in mir Fähigkeiten sind,
die es zu entwickeln gilt,

dass in meiner Tiefe alles ist,
was meinem Leben Sinn gibt?

Könnte es sein,
dass mir Glaube und Mut fehlen,
freizulegen, was angelegt ist?

Ich will ruhig werden,
meine Möglichkeiten entdecken,
wachsen lassen,
werden,
was ich sein kann.

Manchmal,
wenn ich es gar nicht erwarte,
spüre ich Neues,
erfahre ich Neues,
erlebe ich mich neu.

Ich will es annehmen,
obwohl ich es nicht geplant,
nicht gewollt,
nicht gesucht habe.

Ich will es annehmen,
auch wenn ich
es nicht verstehe,
zweifle,
in Frage gestellt bin.

Ich will es annehmen,
Sorge tragen,
wachsen lassen,
darauf vertrauen,
dass es zu mir gehört.

Ich will es annehmen,
ja sagen zu mir.

Sich annehmen

Ich spüre,
dass ganz tief in mir,
im Kern meiner Existenz

eine Kraft ist,
die es unnötig macht,
mich mit anderen zu vergleichen,

eine Kraft,
die mich ermutigt,
Verkümmertes zu entwickeln,

eine Kraft,
die mich freuen lässt
an dem, was erreicht ist,

eine Kraft,
die mich einsehen lässt,
wo meine Grenzen sind,

eine Kraft,
die mich ja sagen lässt,
ja zu mir, so wie ich bin.

Ich will mich ihr nähern,
dieser geheimnisvollen Kraft.
Ich nenne sie Gott.

Loslassen,
geschehen lassen,
zulassen,
was mir entspricht.

Geduld haben,
nicht drängen wollen,
vertrauen, dass geschieht,
was mir entspricht.

Innehalten,
still werden,
ruhig sein
und die Seele wachsen lassen.

Sich annehmen

Ich glaube, dass Gott mich geschaffen hat,
wie ich bin,
ich glaube an seine Kraft,
die in meiner Seele liegt.

Ich glaube, dass Gott meine Freiheit will,
die Entfaltung meiner Kräfte,
die Entwicklung meiner Möglichkeiten,
meine Art zu sein.

Ich glaube, dass Gott mich begleitet,
mich wachsen und reifen lässt,
mich fördert – und fordert,
sein Werkzeug zu sein.

Ich glaube, dass Gott mich liebt,
durch mich wirken will,
an sein Ja zu mir,
das ich nicht verdienen kann.

Ich glaube an die unermessliche Weisheit Gottes,
die mir Grenzen setzt
und das Vertrauen schenkt,
gehalten und geborgen zu sein.

Ich glaube,
das lässt mich leben.

Hier und jetzt ganz leben

Kleine Kinder leben ganz in der Gegenwart, können sich einem Spiel ganz und gar hingeben. Bald schon müssen sie für die Zukunft lernen. Wenn sie fragen, warum sie dies oder jenes tun müssen, wird ihnen klar und deutlich gesagt: »Das brauchst du später. Das ist später für dich wichtig.« Der Reaktion der Kinder können wir entnehmen, dass ihnen diese Antwort nicht viel bedeutet, sie sicher nicht befriedigt. Sie leben jetzt. Was jetzt ist, ist ihnen wichtig.

Es scheint zu uns Erwachsenen zu gehören, dass wir nur selten in der Gegenwart leben: Wir lernen, planen, sparen, versichern uns, sorgen für später. Tatsächlich machen wir uns heute unnötig viele Sorgen. Viele, die von sich sagen, sie würden nur noch wenige Jahre intensiv arbeiten, dann das Leben genießen, kommen gar nicht mehr dazu. Sie haben sich überarbeitet.

In der Bibel werden uns die Lilien des Feldes und die Vögel des Himmels als Beispiele gegeben (Matthäus 6,25-34). Sie säen nicht, sie ernten nicht und haben doch alles, was sie zum Leben brauchen. Und es heißt weiter, wenn Gott für die Lilien und die Vögel so sorgt, dann sicher auch für uns Menschen.

Nicht nur in der Bibel, auch in anderen Weisheitsbüchern werden Geschichten erzählt, die darlegen, wie wichtig die Gegenwart ist.

Von einem Herrscher wird erzählt, er hätte einen Einsiedler gefragt, welches die wichtigste Zeit und welches der wichtigste Mensch sei. Der Eremit sagte: »Es gibt nur eine wichtige Zeit, und das ist die Gegenwart, denn diese ist die einzige Zeit, über die wir verfügen können. Die Vergangenheit ist nicht mehr unser, und die Zukunft gehört uns noch nicht. Der wichtigste Mensch ist stets jener, mit dem wir gerade zusammen sind, denn vielleicht ist es der letzte Mensch, dem wir begegnen.«

Es fällt uns schwer, hier und jetzt ganz zu leben, ganz präsent zu sein, uns ganz auf etwas zu konzentrieren. Oft sind wir zerstreut: Körperlich sind wir da, mit unseren Gedanken dort und mit unseren Gefühlen wieder an einem anderen Ort. Dies ist nicht neu. Eine Legende erzählt, dass ein Ritter mit dem heiligen Bernhard von Clairvaux gewettet habe, der Mystiker sei nicht fähig, ein einziges Vaterunser zu beten, ohne an etwas anderes zu denken. Der Ritter war seiner Sache so sicher, dass er dem frommen Mann sein Pferd versprochen hat, wenn es ihm gelinge. Bernhard mutete sich dies zu, bat aber doch darum, das Vaterunser in einer Kirche beten zu dürfen. Der Ritter willigte großzügig ein. Als Bernhard nach einiger Zeit aus der Kirche kam, fragte ihn der Ritter, ob es gelungen sei. »Nicht ganz«, sagte Bernhard, »als ich fast fertig war, fragte ich mich, ob ich den Sattel wohl auch bekäme.«

Hier und jetzt leben: stehen, wenn wir stehen, gehen, wenn wir gehen, wie dies der Zen-Mönch sagt, damit wir die Gegenwart nutzen, nicht lediglich überleben, sondern aus unserem Leben ein Erlebnis machen können.

Ich will mich befreien
von Gewohnheiten,
die mich lähmen,

von Sicherheiten,
die mich einengen,

von Programmen,
die alles regeln,

von Zielen,
die mich überfordern,

von Aufgaben,
die mir nicht entsprechen,

von Ängsten,
die mich nicht wagen lassen.

Ich will offen sein
für das, was jetzt ist:

meine Möglichkeiten entfalten,
meine Fragen stellen,
meine Zweifel anmelden,
selbst entscheiden,
meinen Teil beitragen
und verantworten.

Jetzt ist es Zeit:
Ich will ruhig werden
trotz Lärm und Hast;

auf mich selbst hören
trotz aller Ratschläge;

mich selbst sehen
trotz aller Leitbilder;

auf mich selbst hören
trotz aller Verlockungen;

mich ganz annehmen
trotz aller Zweifel;

zu mir stehen
trotz aller Mängel;

meine Weg gehen
trotz aller Bedenken.

Ich will hier und jetzt
ja sagen zu mir,
ganz leben.

Jetzt
das Leise hören,
das Kleine sehen,
das Feine spüren,
das Nötige sagen.

Jetzt
einen Schritt wagen,
die Hand anbieten,
liebevoll fördern,
behutsam fordern.

Jetzt
wahrnehmen, was ist,
einsetzen, was möglich ist,
dankbar sein,
leben.

Hier und jetzt ganz leben

egeistert vom Leben
bekämpfe ich,
was mich hindert,
ganz zu sein.

Begeistert vom Leben
fördere ich,
was mir hilft,
ganz zu sein.

Begeistert vom Leben
nehme ich an, was ist,
und versuche,
ganz zu sein.

Wenn du ganz lebst,
ganz und gar versuchst zu sein,
was du sein kannst,
strahlst du,
geht Licht und Wärme von dir aus,
wirkst du.

Wenn du ganz lebst,
schaffst du eine Atmosphäre,
in der sich Menschen wohl fühlen,
einander begegnen,
miteinander reden,
füreinander da sind.

Wenn du ganz lebst,
echt und ehrlich bist,
Anteil nimmst und gibst,
schaffst du neue Möglichkeiten,
neue Welt.

Hier und jetzt ganz leben

ch will mein Leben lieben,
Sorge zu ihm tragen,

wahrnehmen,
was ich brauche,
damit ich wachsen kann,

wahrnehmen,
was mir hilft,
mich wohl zu fühlen,

wahrnehmen,
wo meine Grenzen sind,
mich nicht überfordern,

wahrnehmen,
was mich bedroht,
mich davor schützen.

Ich will mein Leben lieben,
Sorge zu ihm tragen,

damit ich meinen Teil geben,
mich einsetzen,
für dich da sein kann.

Jetzt und hier
einfach ganz Mensch sein.
Jetzt und hier
einfach sein,
ganz sein,
Mensch sein,
ganz einfach Mensch sein.

Ich merke,
dass das gar nicht so einfach ist.

Was bleibt mir anderes,
als es zu versuchen,
jetzt und hier?

ch will heute
auf dich zugehen,

sehen,
was du zeigen kannst
und zeigen willst,

hören,
was du sagen kannst
und sagen willst,

annehmen,
wenn du schweigen musst
und schweigen willst,

dir feinfühlig begegnen,
damit du dich sicher fühlst,
frei sein kannst,
wagst, was dir entspricht.

Ich will heute
auf dich zugehen,
diesem Tag so Sinn geben.

Grenzen bejahen

In der Bibel wird die Turmbaugeschichte erzählt (Genesis/1.Mose 11,1-9): Menschen wollten einen Turm bauen, der bis in den Himmel reicht. Wir wissen, wie die Geschichte ausgeht: Das Werk misslang, Gott griff ein, und die Menschen verstanden einander nicht mehr.

Es ist zwar unsere Aufgabe, an unsere Grenzen vorzustoßen, unsere Fähigkeiten zu entwickeln und zu entfalten. Es ist aber auch wichtig und notwendig, unsere Grenzen zu respektieren.

Viele wollen mehr erreichen, als ihnen möglich ist. Sie arbeiten mehr, als für sie gut ist. Weil sie selber nicht rechtzeitig anhalten, versagen die Kräfte, bricht der Turm, der Körper zusammen.

In Partnerschaften ist es oft nicht anders. Die Partner verstehen einander schon nach wenigen Jahren nicht mehr. Sie stehen vor einem Trümmerhaufen, weil sie einander und die Partnerschaft überfordern. Sie gehen auseinander, traurig, verletzt.

Wir belächeln den Frosch in der Äsop'schen Fabel, der so groß sein wollte wie der Ochse. Wie kann man so dumm sein? Und doch handeln viele Menschen wie der Frosch. Sie blasen sich auf und werden durch ihr Verhalten zu einer Zumutung für sich selbst und alle Umstehenden. Diesen Menschen geht es wie dem Frosch: Sie platzen, ihre Pläne lösen sich in Luft auf, zurück bleibt ein Wrack.

Auch Kinder werden häufig daheim und in der Schule schon sehr früh mit anderen verglichen, wenn es darum geht, mehr Leistung zu erreichen. Nicht wenige verinnerlichen diese Haltung. Sie freuen sich an dem, was sie sind, haben und können, bis sie sehen, dass andere mehr haben, mehr sind, etwas besser können.

Wir müssen unsere Grenzen kennenlernen. Dies ist eine ganz und gar individuelle Aufgabe: Was ist für mich wann richtig? Wieviel kann ich mir jetzt zumuten? Wieviel darf ich von mir jetzt fordern?

Viele Kinder und Erwachsene haben Angst, zu ihren Grenzen zu stehen.

Sie glauben, sie würden zu wenig beachtet, anerkannt und geliebt, wenn sie so sind, wie sie sind, wenn sie nicht mehr geben und nicht mehr leisten können. Das führt dazu, dass sie sich selbst und anderen etwas vormachen und schließlich enttäuscht sind, weil sie nicht ganz einfach sein dürfen und sein können. Leben wird so ein Krampf, eine Lüge.

Wie können wir einander begegnen und es wagen, uns an die Grenzen vorzutasten, uns zu fordern, aber nicht zu überfordern? Was braucht es, dass wir offen und ehrlich sagen können: »Halt! Jetzt ist es für mich genug. Mehr wäre nicht gut.«?

Wie schön wäre eine Gemeinschaft, in der alle an sich selbst gemessen werden, in der alle sich selbst fordern, geben, was sie können, sind, was sie zutiefst sind; eine Gemeinschaft, in der sich alle an den Fortschritten freuen und Verständnis für die Grenzen haben; eine Gemeinschaft, in der wir einander nichts vorspielen, uns nicht aufblasen müssen!

Dein Ja
gibt mir Kraft und Mut
zu akzeptieren, was ist.
Ich taste mich
an meine Grenzen vor,
wage Neues,
freue mich meiner Möglichkeiten
und lerne nein sagen,
bevor es zu viel wird.

Grenzen bejahen

*I*ch will
mein Maß finden,
meinen Weg gehen,
meine Wünsche darlegen,
meine Bedürfnisse formulieren.

Ich will
geben, was mir entspricht,
anstreben, was mir möglich,
sagen, was hilfreich ist,
sein, wie ich bin.

Ich will
spüren, wo meine Grenzen sind,
sagen, wenn ich nicht mehr mag,
verstehen, dass du anders bist,
nein sagen, damit ich wachsen kann.

Du sagst nicht,
was dich berührt,
beschäftigt,
belastet.

Du verschließt dich,
grenzt mich aus,
traust mir nicht zu,
dass ich zu dir stehen,
dich verstehen kann
oder zumindest verstehen will.

Du grenzt mich aus,
bist allein,
brauchst mich.
Warum sagst du es nicht?

Die Angst,
etwas falsch zu machen,
hemmt mich,
tötet jeden Ansatz im Keim.

Die Angst,
dich einzuengen,
hält mich zurück,
schränkt mich ein.

Die Angst,
nicht zu genügen,
verstärkt meine Zweifel,
die mich nicht handeln lassen.

Auch wenn
nicht alles wichtig ist,
was ich denke,

nicht alles gehört wird,
was ich sage,

nicht alles gesehen wird,
was ich mache,

nicht alles wächst,
was ich säe,

nicht alles Frucht bringt,
was ich pflege,

vieles nicht so gerät,
wie ich es für richtig halte,

mein Leben hat Sinn:

Ich will tun,
was ich kann,
meine Grenzen annehmen,
mich freuen an dem, was gelingt.

Grenzen bejahen

Ich möchte verstehen,
was du sagst,
was du machst.

Ich möchte verstehen,
was du denkst,
was du fühlst.

Ich möchte verstehen,
dass du schweigen,
dich zurückziehen musst.

Ich möchte dich verstehen,
zu dir stehen
und dich loslassen.

Und ich will akzeptieren,
dass ich dazu oft nicht fähig bin,
sondern zu schwach:
dich oft nicht verstehe.

Ich muss mich abgrenzen.
Du gehst Wege,
die mir zu steil sind;

du fährst weiter,
wenn ich ruhen muss;

du vertrittst Dinge,
die ich ablehne;

du möchtest Nähe,
ich brauche Distanz;

du möchtest reden,
ich kann nicht zuhören;

du suchst die Abwechslung,
ich möchte verweilen.

Ich muss mich abgrenzen,
mich selbst finden,
zu mir stehen,
um bei dir ganz ich zu sein.

Grenzen bejahen

Ich lasse mich
nicht überfordern,
nicht einengen,
nicht niederdrücken,
nicht kleinkriegen.

Ich setze Grenzen,
damit ich
mich entfalten,
stark werden
und wachsen kann.

Ich will Sorge zu mir tragen,
damit ich für dich
ganz da sein kann.

Ich kann dir nicht sagen
was du tun musst,
was du sagen musst,
wie du sein musst.
Die Wahrheit liegt in dir.

Wir können einander sagen,
was uns berührt,
was uns quält,
was uns wichtig scheint,
und so dem Wesentlichen näherkommen.

Wir können miteinander lernen:
ruhig werden,
das Laute meiden,
ja sagen zum Leben,
damit die Seele atmen kann.

Ich darf dir nicht sagen,
was du tun musst,
was du sagen musst,
wie du sein musst.
Die Wahrheit liegt in dir.

Grenzen bejahen

Ich wage nicht,
ganz ruhig zu werden,
mich ganz wahrzunehmen,
mich ganz anzunehmen,
mich ganz ernst zu nehmen.

Ich wage nicht,
ja zu sagen zu mir,
zu meinen Möglichkeiten,
zu meinen Grenzen.

Deshalb ändert sich nichts.
Ich bleibe wie ich war,
verpasse die Chance,
immer mehr ich zu werden.

Ich wage nicht,
wirklich zu leben.

Was macht mir Angst?

er Filter »Ich weiß es schon«
hindert mich zu sehen.

Die Floskel »Das war schon immer so«
hindert mich zu hören.

Die Vermutung »Du willst ja nicht«
hindert mich zu bitten.

Das Vorurteil »So bist du eben«
hindert mich, dir neu zu begegnen.

Die Überzeugung »Das geht doch nicht«
hindert mich zu experimentieren.

Die Angst »Ich genüge nicht«
hindert mich zu wagen.

Die Sehnsucht zu werden,
was ich sein kann,
fordert mich auf,
trotz allem.

Bedürfnisse äußern

Ich genieße es, meinen Enkel Robin zu hüten. Er ist erst wenige Monate alt und, wie Kleinkinder in diesem Alter ganz und gar von anderen Menschen abhängig. Wenn er hat, was er braucht, ist er zufrieden. Er spielt mit allem, was er in die Hand bekommt, freut sich an Dingen, die sich über ihm im Wind bewegen, plaudert und reagiert mit strahlenden Augen und starken Bewegungen, wenn ich auf ihn zukomme. Wenn ihm etwas fehlt, beginnt er zu weinen. Er kann kein Wort sagen, meldet aber deutlich an, dass etwas nicht stimmt. Hat er Hunger oder Durst, schmerzt ihn etwas, braucht er Zuwendung? Ich muss es erspüren. Wenn ich es merke, ihm helfen und ihn zufriedenstellen kann, gibt es mir auch ein Gefühl der Zufriedenheit. Nichts hält Robin ab, seine Bedürfnisse anzumelden.

Auch wir Erwachsene haben Bedürfnisse. Zu manchen können wir gut stehen: Wir haben Hunger und Durst, möchten zu einem bestimmten Zeitpunkt schlafen gehen oder zumindest ausruhen, brauchen eine sinnvolle Arbeit. Andere Bedürfnisse können viele nur schwer anmelden: Wir brauchen Zeit für uns selbst, müssen uns erholen; wir brauchen die Nähe eines anderen Menschen, seine Zuwendung, seine Zärtlichkeit, das Gespräch mit ihm; wir brauchen es, dass man uns wahr- und ernst nimmt, unsere Bemühung sieht.

Wir brauchen das alles, doch oft sagen wir es nicht. Warum? Wodurch haben wir verlernt, was jeder Säugling kann? Haben wir vielleicht manchmal erfahren, dass wir am ehesten geliebt werden, wenn wir gar nichts wünschen, gar nichts brauchen, gar nichts fordern? Dass wir zurückgewiesen wurden, wenn wir sagten, was wir wünschen und brauchen? Haben wir die richtigen Worte nicht gefunden? Hat uns niemand geholfen, sie zu finden? Was machen Menschen mit den Wünschen, die sie nicht äußern; mit den Bedürfnissen, die sie nicht kundtun? Wie ergeht es Menschen, die nicht mehr zu sagen wagen, was ihnen gut tut?

In Beratungsgesprächen habe ich oft erfahren, dass Männer und Frauen, die über Jahre hinweg ihre Wünsche und Bedürfnisse verdrängt haben, unzufrieden und gar aggressiv wurden. »Jahrelang war ich für Andere da, habe ihnen die Wünsche von den Augen abgelesen, alles für sie gemacht. Es wurde so selbstverständlich. Dass auch ich Bedürfnisse haben könnte, ist niemandem eingefallen.« So äußern sich diese Leute, traurig und wütend.

Es ist wichtig, Wünsche und Bedürfnisse wahrzunehmen und zu äußern; spüren zu lernen, wann wir was wie sagen können und müssen. Nicht alles kann erfüllt werden! Wer seine Wünsche und Bedürfnisse verschweigt, nimmt sich selbst nicht ernst. Wer erwartet, dass andere ihm von den Augen ablesen, was er nicht ausspricht, überfordert sie. Oft wird dies zu einem Problem zwischen Menschen, die als Paar miteinander leben. Eine Frau sagt: »Früher hat er gemerkt, was ich mir wünsche. Er erfüllte mit jeden Wunsch, bevor ich ihn aussprach. Doch jetzt ist alles ganz anders. Er nimmt mich nicht mehr wahr, übersieht, überhört und übergeht mich.«

Nur wenn wir unsere Wünsche und Bedürfnisse äußern, geben wir anderen die Möglichkeit, uns etwas Liebes zu erweisen, lassen ihnen aber die Freiheit der Entscheidung. Denn auch andere werden mir eher sagen, was sie wünschen oder brauchen, wenn sie wissen, dass ich selbst entscheide, dass ich mich nicht überfordere. Wenn andere mich brauchen, ist es für mich schön. Wie schlimm muss es für Menschen sein – seien es Kinder oder Erwachsene –, die immer wieder hören oder erfahren: »Dich kann man nicht mehr brauchen. Dich kann man zu nichts brauchen.« Wir brauchen es, gebraucht zu werden. Wir alle müssen lernen uns einzugeben, ohne uns aufzugeben. Wer nicht nein sagen kann, dem glaubt man sein Ja auch bald nicht mehr.

Bertolt Brecht hat das wunderbar beschrieben:

> Der, den ich liebe,
> hat mir gesagt, dass er mich braucht.
> Darum gebe ich auf mich acht,
> sehe auf meinen Weg
> und fürchte mich vor jedem Regentropfen,
> dass er mich erschlagen könnte.

Ich brauche
Mauern
hinter die ich mich zurückziehen,

und Raum,
in dem ich allein sein kann;

Gespräche,
die mir Orientierung

und Ziele,
die mir Halt geben;

Zeit,
damit meine Wunden heilen,

und Kraft,
damit ich mich wieder aufrichten kann;

Mut,
mich anzunehmen,

und Glauben,
dass mein Leben Sinn hat.

Ich brauche dein Ja.
Es ermöglicht mir zu sein,
wie ich bin.

Bedürfnisse äußern

Ich brauche es,
dass du kommst,
zu mir stehst,
mich bei der Hand nimmst,
mich beim Namen nennst
und vertrauend sagst:
Steh auf,
geh deinen Weg,
mach, was dir entspricht,
sei du selbst!

Wenn ich nicht sage,
was ich brauche,
was mich stört,
was mich belastet,
was mich hindert,
fordert dies Kraft,
die mir fehlt,
wenn ich
auf dich zukommen,
dir helfen,
dich unterstützen,
dich fördern möchte.

Wenn ich nicht sage,
was ich brauche,
bringe ich mich um Möglichkeiten,
die mein Leben für dich wertvoll
und für mich sinnvoll machen könnten.

Bedürfnisse äußern

Manchmal,
wenn mir nichts mehr gelingt,
wenn ich nichts mehr wage,
an allem zweifle,
kannst du mir helfen:

Dein befreiendes Ja,
dein wohlwollender Blick,
deine offene Hand,
deine ruhige Stimme
schaffen neue Möglichkeiten.

Ich danke dir.

Du bist für mich ein Stern,
forderst mich auf,
meinen Weg zu suchen,
meinen Weg zu gehen.

Dein Strahlen,
dein Echtsein,
deine Natürlichkeit
ermutigen mich,
aufzubrechen,
das Wesentliche zu tun.

Bedürfnisse äußern

Bleib bei mir,
es ist dunkel:
Meine Gedanken sind schwer,
meine Sinne trüb,
die Hoffnung schwindet.

Bleib bei mir
in dieser Stunde der Trauer,
in dieser Zeit der Ratlosigkeit,
auf diesem Weg des Leidens.

Bleib bei mir,
damit ich mich nicht verliere,
wieder wage zu hoffen,
Mut habe zu glauben.

Bleib bei mir,
ich brauche dich.

Oft fällt es mir schwer, anzunehmen,
dass ich meine Gedanken nicht ordnen,
meine Ideen nicht formulieren kann.

Oft fällt es mir schwer, anzunehmen,
dass meine Gefühle mich lähmen,
meine Bedürfnisse mich besetzen.

Oft fällt es mir schwer, anzunehmen,
dass ich schwach und bedürftig bin,
dass ich dich brauche.

Bedürfnisse äußern

Nicht
die Hektik des Alltags,
der Lärm der Stadt,
der Rausch der Geschwindigkeit,
die Wildheit der Reklame
lassen Neues wachsen.

Ich brauche
Ruhe und Alleinsein,
Echtheit und Einfachheit,
das Gespräch mit Freunden,
das Staunen über Alltägliches,
wenn Neues werden soll.

Ich möchte sagen lernen,
dass tief in mir
hinter Mauern der Scham
und Barrieren der Angst,

Wünsche sind,
die dich erfreuen,

Bedürfnisse,
die uns glücklich machen,

Sehnsüchte,
die uns verzaubern könnten.

Ich möchte zumindest sagen lernen,
dass ich leide,
wenn ich mich dir nicht zeigen kann,
wie ich wirklich bin.

Bedürfnisse äußern

Ich bitte um Gelassenheit, wenn
meine Vorstellungen nicht berücksichtigt,
meine Pläne nicht eingehalten,
meine Wünsche nicht erfüllt,
meine Bedürfnisse nicht befriedigt,
meine Vorschläge nicht ernst genommen werden.

Ich bitte um die Einsicht, dass
Stürme notwendig sind,
Fehler neue Möglichkeiten eröffnen,
Widerstand zum Denken anregt,
in Krisen eine Chance liegt,
Sanftmut weiter führt als Gewalt.

Ich bitte um den Mut,
mich an meine Grenzen vorzutasten,
meine Möglichkeiten zu entfalten,
zu sagen, was ich zu sagen habe,
zu tun, was ich tun muss,
mich zu sehen, wie ich bin.

Ich bitte um den Glauben
an die Kraft, die in mir liegt,
an das Gute in dir,
an den Wert unseres Gesprächs,
an den Sinn unseres Lebens,
dass Liebe uns trägt.

Einander begegnen

Wir brauchen einander, um überleben zu können. Selbst wenn es uns gut geht, sind wir auf andere Menschen angewiesen. Ganz deutlich wird aber diese Abhängigkeit, wenn uns etwas fehlt.

Kinder tun alles, um in Gruppen Gleichaltriger aufgenommen zu werden. Kinder, die Kameraden und Freunde haben, fühlen sich glücklicher, wohler, freier; sie sind offener, wagen mehr, bringen sich mehr ein und bekommen deshalb auch mehr Rückmeldungen. Das Geben und Nehmen bereichert. Kinder, die aus irgendwelchen Gründen nicht akzeptiert werden, leiden. Sie äußern sich nur selten, wagen kaum eine eigene Meinung zu vertreten, initiieren nichts, wirken so auf andere langweilig und uninteressant. Sie haben wenig Grund zum Lachen, die Welt der Anderen bleibt ihnen verschlossen.

Wir alle sehnen uns nach Menschen, bei denen wir ganz wir selbst sein können. Wer von Kindheit an anerkannt und bestätigt worden ist, wer gelernt hat, seine Werte zu sehen und zu schätzen, der konnte Selbstwertgefühl und Selbstvertrauen entwickeln. Diesen fällt es leichter, auf andere zuzugehen, sie anzusprechen, bei ihnen offen und ehrlich zu sein. Weil sie wissen, wie wichtig es ist, wahr- und angenommen zu werden, gehen sie auch feinfühlig aufeinander zu, machen die Begegnung zu einem Erlebnis, die Neues ermöglicht.

Viele haben dies als Kinder nicht erleben und lernen können; sie haben sich anpassen müssen. Sie haben nicht auf sich selbst hören und sehen dürfen, sondern mussten gehorchen. Je mehr sie sich selbst verachteten, desto mehr wurden sie von ihren Erziehern geachtet und »geliebt«. Für sie ist es ein großes, beinahe unfassbares Erlebnis, wenn sie anderen Menschen begegnen, die sie ganz und gar ernst nehmen. Weil sie über Jahre hinweg erfahren haben: »Wenn ich bin, wie ich bin, bin ich nicht liebenswert«, können sie kaum glauben, dass nun jemand zu ihnen bedingungslos ja sagt. Und gerade dies brauchen wir alle.

Romano Guardini sagte einmal, einen Menschen lieben, heiße, den Raum schaffen, den er zum Wachsen brauche. Und von Dostojewski stammt der Satz: »Ein Kind lieben, heißt, es so sehen, wie der liebe Gott es gedacht hat.«

Wer in seinem Gegenüber eine Fantasie Gottes sieht, wird ihm in Ehrfurcht begegnen. Er wird versuchen eine Atmosphäre zu schaffen, in der der Andere sich wohlfühlt, in der er sein und wachsen kann; einen Raum, wo es keinen Grund gibt, sich zu verstecken, sich anders zu verhalten als ihm entspricht; einen Raum, wo er sagen kann, was ihm entspricht, und schweigen darf, wenn es ihm richtig scheint.

Wo Menschen einander so begegnen, hat es Platz für unterschiedliche Ansichten und Meinungsverschiedenheiten. Da schätzen Menschen einander in ihrem Anderssein und sehen sie als Lernchance. In solchen Beziehungen denken die Beteiligten nicht daran, einander zu verändern. Ziel ist es lediglich, behutsam aufeinander zuzugehen, einander näher zu kommen und zu ermöglichen, dass jedes entfalten kann, was in ihm angelegt ist.

Bei solchen Menschen fühle ich mich wohl. Ich kann mich öffnen, wage Dinge zu sagen, die noch nicht zu Ende gedacht sind. Hier kann ich wirklich und wirksam leben, fühle ich mich glücklich. Solche Menschen geben mir Kraft. Diese will ich einsetzen, wenn ich auf andere zugehe. So kann ich zu mehr Lebensmut und Glück beitragen.

Bei dir wage ich, wieder zu sein:
Ich sehe mit meinen Augen
und höre mit meinen Ohren.

Bei dir wage ich wieder zu sein:
Ich richte mich auf
und entscheide selbst.

Bei dir wage ich wieder zu sein:
Ich höre auf die Stimme meines Herzens
und sage, was mir entspricht.

Bei dir wage ich wieder zu sein:
Ich spüre ungeahnte Kräfte
und freue mich, dass ich lebe.

Einander begegnen

anz bei dir sein
und mich finden.

Ganz bei mir sein
und dich finden.

Ganz beieinander sein
und erleben,
was dem Leben Sinn gibt.

eine feinen Berührungen
lassen mich im Kern erzittern.

Dein Strahlen
erhellt meine dunklen Seiten.

Deine lieben Worte
wachsen zu schönen Geschichten.

Deine Schritte auf mich zu
ermutigen mich, ehrlich zu sein.

Dein geduldiges Zuhören
führt mich weiter.

Dein uneingeschränktes Ja
lässt meine Liebe wachsen.

Ich schenke sie dir.

Du verstehst mich,
auch wenn ich
die richtigen Worte nicht finde,
umständliche Sätze baue,
vieles nur andeute,
manches nicht zu sagen wage.

Du verstehst mich,
stehst zu mir,
begleitest mich,
auch wenn du es anders siehst,
anders denkst,
anders fühlst.

Du liebst mich,
bei dir kann ich wachsen.

Verliebt

emeinsam auf einem Herbstblatt sitzen
und uns vom Wind forttragen lassen;

im Säuseln des Windes
deine Liebesworte hören;

mit dir auf Wolkenberge klettern
und hinter den Türmen in deine Arme fallen;

im Wiegen der Äste
deine zärtlichen Berührungen spüren
und in den Regentropfen Perlen sehen,
die ich dir schenken will.

Du sagst:
Ich brauche dich,
du bist mir wichtig.

Das macht mich glücklich.
Ich will
auf dich zugehen,
mich dir zuwenden,
dir Zeit schenken,
dir zuhören,
mit dir ins Gespräch kommen,
mich einfühlen,
dich begleiten,
bei dir sein.

Und immer wieder spüre ich,
dass ich dies nur kann,
wenn ich ganz bei mir bin,
in mir geborgen.

Dank dir

In der Begegnung mit dir
habe ich gelernt,
auf mich selbst zu hören,
mich anzunehmen,
meine Werte zu sehen
und mich an ihnen zu freuen.

Seit der Begegnung mit dir
wage ich mehr
ich selbst zu sein,
selbst zu entscheiden,
meine Schwächen zuzugeben,
Grenzen zu setzen.

Durch die Begegnung mit dir
bin ich neu geworden:
gegründet in Sicherheit,
geborgen in Wohlwollen,
bereit für das Unbekannte,
stark für das Fordernde.

Einander begegnen

u lässt mich Kind sein,
verlangst
nichts Endgültiges,
nichts Unverrückbares,
nichts Unabänderliches,
nichts Vollkommenes.

Du lässt mich Kind sein,
nimmst an, wenn ich
nicht weiter weiss,
Fehler mache,
zweifle,
unsinnig entscheide.

Du lässt mich Kind sein,
freust dich
an meinem Suchen,
an meinem Staunen,
an meiner Freude,
an meiner Sehnsucht zu wachsen.

Du lässt mich Kind sein,
du lässt mich wachsen,
du lässt mich sein.

Darum bist du mir so wichtig.

In Spannungen wachsen

Wer sehnt sich nicht nach Frieden und Harmonie? Wenn ein Mitmensch stirbt, sagen die Überlebenden, er hätte nun ewige Ruhe, und wünschen ihm, dass er in Frieden ruhe.

Obwohl alle Frieden wollen, ist die Welt voller Spannungen und Konflikte: Drohungen und Kriege zwischen einzelnen Völkern mit Tausenden von Toten und Leidtragenden; Konflikte zwischen den Angehörigen verschiedener Religionen mit der Zerstörung wertvoller Kulturgüter; ethnische Säuberungen, denen so viele zum Opfer fallen, weil sie dieser und nicht jener Gruppe angehören.

Auch in der eigenen Umgebung erleben wir täglich, wie schwierig es ist, einander zu akzeptieren und zu verstehen, füreinander da zu sein, einander leben zu lassen, einander zu fördern, das Leben miteinander zu gestalten und zu genießen. Denken wir an die Rivalitäten am Arbeitsplatz, die gehässigen Streitigkeiten auf den Schulhöfen, die Spannungen zwischen Geschwistern und die aufreibenden Kämpfe zwischen Lebenspartnern, die sich einmal geliebt haben. Täglich erfahren wir aufs Neue, wie Gewaltbereitschaft und Gewalt zunehmen.

Obwohl wir darunter leiden, wenn jemand aus uns etwas anderes machen möchte, bereitet es uns Schwierigkeiten, einander so sein zu lassen, wie wir sind. Wir ärgern uns über ein Verhalten, das vom eigenen abweicht. Aber wir wehren uns, wenn jemand von uns etwas fordert, das uns nicht entspricht.

Weil wir von anderen abhängig sind, fügen wir uns widerwillig und passen uns oft an. Zwar ist es wichtig, dass wir anpassungsfähig sind, keinesfalls aber dürfen wir angepasst werden. Wer immer nachgibt, gibt sich auf.

Immerzu neu zu sich zu stehen, Grenzen zu setzen, aber auch Forderungen anzumelden – viele Menschen wagen dies nicht, weil sie Angst haben, dem Anderen nicht mehr zu entsprechen. Wer so Frieden suchen will, ist selbst nicht mehr zufrieden. Er kann einfach nicht er selbst sein; er glaubt tun zu müssen, was er meint, dass andere von ihm erwarten. Ein solcher Mensch hat oft das Gefühl: Wenn ich bin, wie ich bin, wenn ich das mache, was mir entspricht, wenn ich sage, was ich denke, werde ich nicht geliebt. Er ist dann dem Frieden zuliebe freundlich, zuvorkommend und höflich. So entsteht eine »Friedhöflichkeit«, die letztlich niemandem nützt.

Wir müssen lernen, miteinander echt und ehrlich umzugehen, zu unseren Verschiedenheiten zu stehen, einzusehen, dass Meinungsverschiedenheiten selbstverständlich sind. Wenn wir miteinander reden und aufeinander hören, kommen wir einander näher, wachsen wir aneinander.

Die Worte,
die wir nicht sagen;
die Fragen,
die wir nicht stellen;
die Antworten,
die wir nicht geben,
die Wünsche,
die wir nicht aussprechen;
die Gründe,
die wir nicht nennen,
wirken.
Sie werden
zur sprachlosen Mauer zwischen uns,
trennen,
isolieren,
töten.

Sage nichts mehr.
Im Dickicht deiner Worte
ist es schwer,
deine Seele zu spüren.

Mein Weg nach innen ist verschüttet
mit Pflichten, die mir nicht entsprechen,
mit Erwartungen, die mich fixieren,
mit Normen, die mich einengen,
mit Vorurteilen, die mich festlegen.

Ich leide, weil sich vieles nicht entfalten kann:
Kraft, die ungebraucht versiegt,
Kreativität, die alles farbiger machen könnte,
Spontaneität, die dem Leben Würze wäre,
Lust, die ungelebt erstickt.

Ich spüre die Aufforderung,
alles auf eine Karte zu setzen,
zu bekämpfen, was Leben hemmt,
zu befreien, was meinem Leben Sinn gibt,
das zu sein, was ich letztlich bin.

In Spannungen wachsen

*I*ch will nichts falsch machen:
Ich sage meine Meinung nicht,
weil du anders denkst.

Ich mache keinen Vorschlag,
weil er dir nicht entspricht.

Ich formuliere meine Bedenken nicht,
weil du enttäuscht sein könntest.

Ich zeige meine Gefühle nicht,
weil sie nicht deiner Norm entsprechen.

Ich gebe meine Fantasien nicht preis,
weil du sie belächeln könntest.

Ich helfe dir nicht,
weil ich etwas falsch machen könnte.

Ich halte mich zurück,
schließe mich ein und wage nichts,
gebe nichts und strahle nicht,
bin nicht.

Ich bin gefangen,
lebe nicht
– aus Angst.

Wie schön wäre es,
wenn du in meiner harten Faust
die Unsicherheit,
in meiner abweisenden Geste
die Verletztheit,
in meinem verspannten Gesicht
die Trauer,
in meinem lieblosen Blick
die Angst,
in meinem hartnäckigen Verhalten
die Schwäche,
in meinen schlagenden Argumenten
die Ausweglosigkeit
sehen würdest.

Ja,
wie schön wäre es,
wenn du verstehen würdest,
dass vieles in mir gefangen ist,
dass ich oft unfähig bin,
offen und ehrlich zu sein.

Wie schön wäre es,
wenn du mich erlösen könntest.

In Spannungen wachsen

ch möchte,
dass wir es wieder schaffen:

Uns nach dem Sturz erneut aufrichten,
den Staub von den Kleidern wischen,
die Wunden pflegen,
einander wieder in die Augen schauen,
wieder aufeinander hören,
einander in die Arme nehmen
und miteinander einen Weg suchen,
der uns jetzt entspricht.

as Gegeneinander aufgeben
genügt nicht;
das Nebeneinander aushalten
genügt nicht.

Wir müssen wieder lernen,
miteinander anzupacken,
füreinander da zu sein.
Dann können wir
wachsen,
erstarken,
vertrauen,
einander verbunden frei bleiben.

In Spannungen wachsen

ordere von mir nicht,
was ich nicht geben kann;

erwarte von mir nicht,
was ich nicht tun kann;
verlange von mir nicht,
was ich nicht sein kann.

Gib mir Raum,
lass mir Zeit,
vertrau mir!

Dann wage ich es,
mich selbst anzunehmen,
mir wieder zu vertrauen.

Ich werde erstarken und wachsen,
wenn du mich sein lässt.

Wo und wie lernen wir,
so wahrhaftig zu sprechen,
dass es dem Anderen hilft,
statt ihm weh zu tun?

Wo und wie lernen wir,
uns selbst so auszudrücken,
dass wir verstanden werden
und nicht rücksichtslos sind?

Wo und wie lernen wir,
den richtigen Zeitpunkt,
das richtige Maß,
den richtigen Ton zu finden?

Mehr noch:
Wie bringen wir einander dahin,
die Wahrheit, die uns betrifft,
überhaupt zu ertragen?

Dem Anderen um die Ohren hauen,
was wir für richtig halten,
ist relativ einfach;

aber ihn so begleiten,
dass er seine eigenen Gefühle
wahrnehmen und annehmen lernt,

dass er eine Sprache findet,
mit der er seine eigenen Gefühle
ausdrücken kann,

das ist ein langer Weg,
den wir
mit viel Geduld,
viel Wohlwollen und
voller Vertrauen
gehen müssen.

Es ist schwer,
die Mauern abzubrechen,
die ich zu meinem Schutz errichtete,

die Distanz zu verringern,
die ich zu meinem Schutz brauchte,

die Türen zu öffnen,
die ich aus Angst verriegelte,

die Wege freizulegen,
die ich aus Schmerz verbarrikadierte.

Es ist schwer,
dir wieder in die Augen zu sehen,
nachdem ich dir ausgewichen bin,

auf dich zuzugehen,
weil ich verletzt und zu stolz bin.

Es ist schwer,
und doch sehne ich mich danach,
dir wieder ganz nahe zu sein.

Meinen Teil beitragen

Leben ist ein großes Geschenk. Wer offene Sinne hat, kann täglich viel Schönes erleben; vieles, das wir uns nicht erarbeiten können. Wir dürfen uns am Schönen um uns freuen und es genießen, sollen aber auch unsere Verantwortung der gesamten Schöpfung gegenüber spüren und wahrnehmen.

Jede, jeder hat viele Fähigkeiten, die wir zum Wohl der Umwelt und der Gemeinschaft einsetzen können. Viele haben jedoch nicht gelernt, ihre Möglichkeiten zu sehen. Sie vergleichen sich mit anderen, weil sie vielleicht während ihrer Kindheit und Jugendzeit mit anderen verglichen worden sind. Sie bewundern, was andere alles können, und übersehen die eigenen Talente. Sie sehen keinen Sinn darin, die eigenen Möglichkeiten zu fördern und zu entfalten. So haben sie nach und nach immer weniger Selbstwertgefühl, muten sich nichts oder nur wenig zu, zweifeln an sich, sind unzufrieden und neidisch auf alle, die es nach ihrer Meinung so viel besser haben, vom Glück begünstigt sind.

Die so empfinden, haben negative Erfahrungen gemacht. Vielleicht ist immer wieder aufgezeigt worden, was sie nicht können und wissen, was sie aber können und wissen sollten. Wenn Erzieherinnen und Erzieher die Kinder auf ihre Werte aufmerksam machen und sich mit ihnen freuen an allem, was entdeckt und gelernt wird, werden diese Kinder Selbstsicherheit, Selbstvertrauen und ein gesundes Selbstwertgefühl entwickeln. Menschen mit einem gesunden Selbstwertgefühl schätzen sich realistisch ein; sie wissen, was sie können und nicht können, erwarten von sich nicht, dass sie alles können.

Leben ist aber nicht nur Geschenk, Gabe; es ist auch Auf-Gabe. Wenn wir einsetzen, was wir haben, werden wir füreinander wertvoll. Denken wir an die biblische Geschichte vom Barmherzigen Samariter (Lukas 10,25-37). Im Gegensatz zum Priester und zum Leviten, die wegen irgendwelcher Verpflichtungen den Niedergeschlagenen liegen lassen,

hält der Samariter an, wendet sich dem Bedürftigen zu, gibt, was er hat, und ist so menschlich wertvoll.
Wenn Menschen sich füreinander engagieren, geschieht Wunderbares. In der Geschichte von der Speisung der Fünftausend sagt Jesus zu seinen Freunden, die nicht mehr ein und aus wissen: »Gebt ihr ihnen zu essen!« (Johannes 6, 1-15). Das ist eine Aufforderung an uns alle: »Warte nicht auf andere! Setze du ein, was du hast! Dann ist für alle gesorgt! Dann ist das Leben wunderbar.«
Es liegt an uns, täglich neu zu entscheiden: Wofür wollen wir unsere Kräfte und Möglichkeiten einsetzen? Wofür nehmen wir uns wie viel Zeit? Oft drücken wir uns aber vor dieser Aufgabe. Anderes ist uns wichtiger. Im Nachhinein haben wir dann ein ähnlich ungutes Gefühl, wie es Bertolt Brecht in seinem Gedicht »Fahrend in einem bequemen Wagen« beschreibt:

> Fahrend in einem bequemen Wagen
> Auf einer regnerischen Landstraße
> Sahen wir einen zerlumpten Mann bei Nachteinbruch
> Der uns winkte, ihn mitzunehmen, sich tief verbeugend.
> Wir hatten ein Dach und wir hatten Platz und wir fuhren vorüber
> Und wir hörten mich sagen, mit einer grämlichen Stimme:
> Nein
> Wir können niemand mitnehmen.
> Wir waren schon weit voraus, einen Tagesmarsch vielleicht
> Als ich plötzlich erschrak über diese meine Stimme
> Dies mein Verhalten und diese
> Ganze Welt.

Meinen Teil beitragen

Ich will mich bereitmachen:
hören,
was mich angeht,
sehen,
wo ich gefordert bin,
sagen,
was ich weiß,
entscheiden,
wenn ich dies kann,
verantworten,
was ich mache,
werden,
was ich sein kann.

Ich will mich bereitmachen,
leben
und Leben ermöglichen.

enn sich wieder bewegt,
was erstarrt war;

wieder gesagt wird,
was verschwiegen wurde;

wieder gesehen wird,
was verachtet wurde;

wieder gehört wird,
was übergangen wurde;

wieder gefühlt wird,
wo Kälte war;

wieder lebendig wird,
was totgeglaubt war,

dann ist das Wunder geschehen.

Meinen Teil beitragen

*I*ch will leben,
versuchen zu sein,
damit durch mich
die Angst kleiner,
das Vertrauen größer,
die Freude strahlender,
die Liebe wärmer,
die Welt besser wird.

Ich möchte, dass unsere Beziehung
nicht alltäglich,
nicht gewöhnlich,
nicht selbstverständlich wird.

Ich will mich einsetzen,
jeden Tag versuchen,
dich neu zu sehen,
dich ganz zu verstehen,
dir zu vertrauen.

Ich will mich einsetzen,
jeden Tag versuchen,
die Fähigkeiten einzusetzen,
die Chancen wahrzunehmen,
Risiken einzugehen.

Ich will mich einsetzen,
jeden Tag versuchen,
dir offen und ehrlich zu begegnen,
damit unsere Beziehung reift,
wir beide wachsen können.

Meinen Teil beitragen

Es genügt nicht,
im Haus zu bleiben,
für jene zu sorgen,
die unter demselben Dach sind.

Es genügt nicht,
im Haus zu bleiben
und zu warten,
bis jemand anklopft.

Ich muss auch jene sehen,
die es nicht mehr wagen,
die nicht mehr hoffen,
die aufgegeben haben.

Ich muss meine Türen öffnen,
auf sie zugehen,
sie aufnehmen,
für sie da sein,
wenn Weihnachten werden soll.

Ich will es heute wagen:
mich ein wenig mehr öffnen,
mehr zeigen, wie ich wirklich bin,
ehrlicher sagen, was ich fühle,
den ersten Schritt tun,
die Faust öffnen,
dir mehr als einen Augenblick schenken
und besser zuhören.

Ich will es heute wagen,
ein wenig mehr zu leben.

Meinen Teil beitragen

Mich einsetzen
trotz aller Bedenken,
trotz aller Schwierigkeiten,
trotz aller Beschränkungen,
trotz aller Gefahren,
trotz aller Drohungen.

Mich einsetzen,
meinen Teil beitragen,
verantwortlich sein.

Neues wird möglich,
wenn wir
uns Zeit füreinander nehmen,
einander in die Augen sehen,
still werden,
wieder mehr aufeinander hören,
mehr miteinander sprechen,
einander sagen,
was wir möchten,
was wir brauchen.

Neues wird möglich,
wenn wir
festgefahrene Strukturen verlassen,
einengende Normen aufbrechen,
Bequemlichkeiten aufgeben,
Masken ablegen
und darauf verzichten,
vollkommen zu sein.

Wir können aufbrechen,
unseren Teil beitragen,
Schritte wagen,
miteinander unterwegs bleiben,
wirklich leben.

Meinen Teil beitragen

Ich will
meine Gefühle annehmen,
auch wenn sie mich bedrücken;

zu meinen Gedanken stehen,
auch wenn ihr anders denkt;

meine Überzeugungen äußern,
auch wenn ihr sie belächelt;

meine Vorschläge einbringen,
auch wenn ich wenig Chancen sehe;

Schritte wagen
trotz aller Schwierigkeiten.

Ich will
tun, was ich kann,
sein, was ich bin,
damit dieser Tag
durch mich reicher wird.

Bereit werden für diesen Tag
mit all seinen Möglichkeiten,
mit all seinen Schwierigkeiten;
mich einsetzen und hineingeben,
annehmen und aufnehmen,
mich abgrenzen, wenn es nötig,
auf jeden Fall:
Sorge tragen zu mir.

Ich will diesen Tag
er-leben.

Meinen Weg gehen

Wenn wir von Entwicklung und Entfaltung eines Menschen sprechen, meinen wir, dass dies, was in ihm angelegt wird, hervortritt. Erzieherinnen und Erzieher haben die Aufgabe, eine Atmosphäre zu schaffen, in der sich die anvertrauten Kinder entwickeln und entfalten können.
Bei Kleinkindern freuen sich die Eltern über jeden Entwicklungsschritt: Das Kind lächelt, plaudert, reagiert, greift nach einem Spielzeug, sagt die ersten Worte. Wenn die Kinder älter werden, etwas anderes wollen als die Eltern, wird es für viele schwierig. Kinder wollen ihre eigenen Wege gehen, viele Eltern können das aber nicht zulassen. Sie fordern Gehorsam. Eine schwierige Phase für beide Teile: Trotz und Kampf, Enttäuschung, Strafe und Anpassung wechseln sich ab.
Warum ist es so schwierig, daran zu glauben, dass jedem Menschen alles mitgegeben ist, was er zum Leben braucht? Warum haben wir immer wieder die Tendenz, Mitmenschen unseren Vorstellungen anzupassen? Eltern wollen ihre Kinder formen, Lehrerinnen und Lehrer ihre Schülerinnen und Schüler, Ehepartner einander. Dies veranlasste den Philosophen Jean Paul Sartre zu dem Ausspruch: »Der Mensch kommt als Original auf die Welt – und stirbt als Kopie.«
Immerzu erfahren wir, dass dies Konflikte schafft; wir merken selbst, wie wir uns wehren, wenn jemand von uns Dinge verlangt, die uns nicht entsprechen. Dies müssen wir aber, wenn wir uns nicht aufgeben, nicht fremd werden wollen. Doch auch dies kommt vor: Menschen werden gefügig und angepasst. Sie tun, was man von ihnen verlangt, sehen keine andere Möglichkeit, weil sie ganz und gar abhängig sind.
In der Bibel wird die Geschichte vom Mann aus Gerasa erzählt (Markus 5,1-20). Er ist außerhalb der Siedlung bei den Grabhöhlen. Man hat ihn angekettet, doch er hat die Ketten zerrissen. Mit unheimlicher Kraft hat er sich gegen die Fesseln gewehrt, aber er ist unglücklich, besessen. Als Jesus zu ihm kommt, beginnt er zu schreien. Es scheint, er fürchte sich

vor Menschen, die aus ihm immer wieder einen Anderen machen wollten, als er wirklich ist. Jesus geht auf ihn zu und fragt ihn: »Wie heißt du?« Der Mann gibt die bedeutungsvolle Antwort: »Ich heiße Legion, denn in mir sind viele.« Auch bei uns gibt es viele Menschen, die »Legion« heißen könnten. Andere haben ihnen eingeredet, wie sie sich geben müssen, damit sie existenzberechtigt sind. Die biblische Geschichte zeigt, wie Jesus auf den »Besessenen« zugeht, ihn als Menschen anspricht, ihn in seinem Kern verstehen will und ihn so heilt.
Auch Khalil Gibran erzählt eine Geschichte, die treffend sagt, was passiert, wenn Menschen nicht sein dürfen, wie sie sind, wenn sie nicht ihren eigenen Weg gehen dürfen:

Der Irre

> Im Garten eines Irrenhauses traf ich einen jungen Mann mit einem blassen Gesicht, jedoch hübsch und geheimnisvoll anzusehen.
> Ich setzte mich zu ihm auf die Bank und fragte: »Weshalb bist du hier?«
> Erstaunt blickte er mich an und sprach: »Das ist eine unziemliche Frage, doch will ich dir antworten. Mein Vater wollte aus mir ein Spiegelbild seiner selbst machen, und auch mein Onkel wollte dies. Meine Mutter meinte, ich müsse ihrem berühmten Vater gleichen. Meine Schwester wünscht, dass ich dem Beispiel ihres zur See fahrenden Mannes folgen solle, und mein Bruder rät mir, so wie er ein großer Athlet zu werden.
> Und auch meine Lehrer, der Professor der Philosophie, der Musiker und der Logiker, sie waren ebenso fest entschlossen, ein Abbild ihrer selbst aus mir zu machen. Deshalb kam ich hierher. Dieser Ort ist gesünder für mich. Wenigstens hier kann ich ich selbst sein.«

Plötzlich wandte er sich um und fragte: »Doch sage mir, musstest auch du aufgrund deiner Erziehung und wegen solch gut gemeinter Absichten hierherkommen?«
»Nein, ich bin ein Besucher«, antwortete ich.
»Aha«, meinte er, »dann bist du also einer von denen, die im Irrenhaus auf der anderen Seite der Mauer wohnen.«

Und Christian Morgenstern fordert in einem kleinen Gedicht klipp und klar auf, den eigenen Weg zu gehen:

Geh deinen Weg

Sieh nicht, was andre tun,
der andern sind soviel,
du kommst nur in einem Spiel,
das nimmer mehr wird ruhn.
Geh einfach Gottes Pfad,
lass nichts sonst Führer sein,
dann gehst du recht und grad,
und gingst du ganz allein.

Es braucht viel Einfühlungsvermögen, Geduld und Vertrauen, den Anderen seinen Weg gehen zu lassen, ihm höchstens helfen, seinen Weg zu finden und Schwierigkeiten zu überwinden.
Menschen, die einander so begegnen und begleiten, stärken Selbstwertgefühl und Selbstvertrauen. Sie fördern einander.

Durch dich habe ich gelernt,
auf mich selbst zu hören,
auf mich selbst zu sehen,
mir zu glauben,
mir zu vertrauen.

Durch die Beziehung zu dir
bin ich stärker,
kann ich geben und nehmen
festhalten und loslassen,
wage ich zu sein, wie ich bin.

In der Beziehung mit dir
werde ich gelassener.
Ruhig und zufrieden
komme ich dem Wesentlichen näher,
werde ich mehr Mensch.

Meinen Weg gehen

Ich will aufbrechen,
meine Grenzen kennenlernen,
meine Möglichkeiten nutzen.

Ich will mich entfalten,
ganz leben, ganz sein,
um das geben zu können, was in mir ist.

Wenn du dich zu sehr um mich sorgst,
mir im Weg stehst,
mir die Möglichkeit der Erfahrung nimmst,
fühle ich mich nicht ernst genommen,
unzufrieden,
gefangen.

Lass mich meinen Weg gehen,
wohin und wie weit
er auch führt.
Wenn du mich behinderst
– und wäre es aus Liebe –,
nimmst du mir, was mir entspricht.

Wenn ich unsicher bin,
wenn ich nicht mehr mag,
komme ich vielleicht zu dir,
bittend,
dankbar,
wenn du mir helfen kannst.

Ohne es zu merken,
habe ich zugelassen,
in Normen gefangen zu werden,
die mir nicht entsprechen.

Jetzt spüre ich die Enge,
die Zwänge,
die Behinderungen,
die mich schmerzen.

Langsam befreie ich mich von dem,
was mich quält.
Mühsam werde ich das,
was ich letztlich sein kann.

Meinen Weg gehen

ann und wann anhalten
stehen bleiben,
mich hinsetzen,
zurückschauen,
vorausehen,
in mich hineinhören
und prüfen,
ob ich auf dem richtigen Weg bin.

Ich wünsche dir Mut
zu fragen,
wenn du nicht weiter weißt;

zu bitten,
wenn du etwas brauchst;

nein zu sagen,
wenn es zuviel wird;

abzugrenzen,
wenn du bedroht bist;

für dich einzustehen,
wenn du angegriffen wirst;

zu helfen,
wo Not ist;

zu wagen,
auch wenn du nicht ganz sicher bist;

unterwegs zu bleiben
trotz aller Zweifel;

zu sein,
wie du bist.

Meinen Weg gehen

*I*mmer wieder
lasse ich mich leiten
vom hektischen Treiben,
von verführerischen Aufrufen,
betörenden Reden,
großen Versprechungen,
statt ruhig zu werden,
auf mich selbst zu hören,
mir selbst zu folgen.

Ich will
wieder sehen,
was dem Leben Sinn gibt,
wieder hören,
was meine Seele nährt,
wieder spüren,
was letztlich wichtig ist,
wieder aufstehen
und meinen Weg gehen.

Halt geben und loslassen

Wenn wir uns immer wieder Zeit für uns selbst nehmen, werden wir spüren, was uns fördert und fordert. Wenn wir zu unseren Wünschen und Bedürfnissen stehen, Sorge zu uns tragen und deshalb auch nein sagen, »nein« fühlen und denken, werden wir unsere Kräfte spüren. Sie ermöglichen es uns, auf andere Menschen zuzugehen, uns einzubringen, Gutes zu tun. Dies stärkt uns selbst.
Um Schwierigkeiten meistern, Stürme bestehen und wachsen zu können, ist es wichtig, dass wir einander Halt geben und helfen. Wir dürfen uns jedoch gegenseitig nicht festhalten, sonst verhindern wir, so zu werden, wie wir letztlich sein können. Oft halten wir gerade jene fest, die uns besonders wichtig sind, die wir vor allem lieben – und verunmöglichen so Liebe, die nur in Freiheit wächst.
Rainer Maria Rilke hat von der Schuld des Festhaltens gesprochen:

> Denn das ist Schuld, / wenn irgend eines Schuld ist: / Die Freiheit eines Lieben nicht zu mehren / um alle Freiheit, die man aufbringt. / Wir haben, wo wir lieben, ja nur dies: / einander lassen. / Denn dass wir uns halten ist uns leicht / und ist nicht erst zu lernen ...

Einander loszulassen ist schwer. Wie oft klammern wir uns an Menschen oder Dinge, weil wir in uns selbst keinen Halt finden und keine Beziehung zu tieferen Werten haben, weil uns der Glaube fehlt, dass wir und unser Leben sinnvoll sind. Doch dieses Festhalten engt nicht nur unsere Mitmenschen ein; es macht auch uns selbst unfrei. Zurück bleibt die Angst: Was wäre, wenn ich nicht festhalten würde? Viele von uns haben versucht zu entfliehen, wenn sie gegen ihren Willen festgehalten wurden.
Diese eigenen Erfahrungen können uns aufmuntern, das Loslassen zu lernen. Wir werden dabei erfahren, was Henry David Thoreau gesagt

hat: »Der Mensch ist umso reicher, je mehr Dinge er liegen lassen kann.«
Wir können letztlich weniges festhalten und behalten und wissen auch, dass Besitz nicht glücklich macht. Menschen, die abgeben können, sind im Strom des Lebens. Sie sind gelassen. In ihrer Nähe fühlen wir uns wohl und frei.
Wir sollen uns entwickeln und entfalten. Oft brauchen wir dazu den Halt eines anderen Menschen; wichtig ist dabei immer, dass wir genug Raum haben. Wenn wir eingeengt, unnötig beschränkt und behindert werden, wird Wachstum gestört, Lebensmöglichkeit genommen.
Rabindranath Tagore hat die Folgen sehr poetisch beschrieben:

> Warum erlosch die Lampe?
> Ich hielt meinen Mantel davor,
> um sie vor dem Wind zu schützen.
> Darum erlosch die Lampe.
>
> Warum verwelkte die Blume?
> Ich presste sie an mein Herz
> in ängstlicher Liebe.
> Darum verwelkte die Blume.
>
> Warum trocknete der Strom aus?
> Ich legte einen Damm hindurch,
> um ihn mir nützlich zu machen.
> Darum trocknete der Strom aus.
>
> Warum zerbrach die Harfensaite?
> Ich versuchte ihr einen Ton zu entreißen,
> der ihre Kräfte überstieg.
> Darum zerbrach die Harfensaite.

Halt geben und loslassen

I ch möchte,
dass du Halt findest,
deine Wurzeln spürst,
deine Stärken erfährst,
deine Möglichkeiten entdeckst,
deine Visionen ernst nimmst,
deinen Träumen glaubst,
deinen Sehnsüchten folgst.

Ich möchte,
dass du zu dir ja sagst,
an dich glauben lernst,
deine Talente einsetzest,
deine Weg gehst,
deine Grenzen markierst,
zu dir Sorge trägst.

Ich möchte,
dass du wachsen kannst.

Du gibst mir Halt,
obwohl ich ihn nicht brauche,
obwohl ich ihn nicht will.
Du hältst mich fest,
du hältst mich gefangen,
nimmst mir Raum,
Erfahrungsmöglichkeiten,
und ich versuche zu fliehen.

Raum geben

ch will zurückhaltend sein,
warten,
dir Zeit lassen
und Raum geben,
von dir nicht Antworten verlangen,
wenn in dir Fragen entstehen.

Liebe

Ich will
mich dir zuwenden,
auf dich zugehen,
bei dir sein:

behutsam und feinfühlig,
fördernd und fordernd,
gebend und nehmend,
offen und ehrlich.

Ich will
dir Raum lassen,
mich dir zumuten,
mit dir leben,
wachsen,
das Weite suchen.

Ich will
für dich da sein.

Halt geben und loslassen

Bei dir finde ich Halt.
Du hörst meine Fragen
und hilfst mir,
die Antworten selbst zu finden.

Du siehst meine Probleme
und ermutigst mich,
sie selbst zu lösen.

Du spürst meine Zweifel
und bist bereit,
sie mit mir anzunehmen.

Du glaubst an meine Talente
und forderst mich auf,
sie immer wieder einzusetzen.

Du nimmst deinen Standpunkt ein,
sagst, was du fühlst und denkst,
akzeptierst deine Grenzen,
verwirklichst dich selbst.

Bei dir finde ich Halt.

Dein Ja gibt mir Halt.
Sicher und frei
kann ich ja und nein sagen,
angstfrei wachsen,
stark werden,
dir Halt geben
und dich loslassen.
Ich will,
dass du wachsen kannst.

Halt geben und loslassen

Nur wenn ich
selbst stehen und gehen,
denken und werten,
entscheiden und verantworten,
planen und handeln kann,
fühle ich mich neben dir wohl.

Nur wenn ich
ja und nein sagen,
Nähe und Distanz haben,
geben und nehmen,
fragen und antworten kann,
werde ich neben dir wachsen.

Nur wenn wir uns beide wohlfühlen,
beide wachsen,
nebeneinander und miteinander;
nur wenn wir beide entwickeln,
was in uns angelegt ist,
wird unsere Partnerschaft
zu einer Stätte des Lebens.